장흥

2017

• 이 도서의 국립중앙도서관 출판시도서목록(CIP)은 서지정보유통지원시스템 홈페이지(seoji.nl.go.kr)와 국가자료공동목록시스템(www.nl.go.kr/kolisnet)에서 이용하실 수 있습니다. (CIP제어번호: CIP2017032660)

장흥

김재석 시집

사의재

시인의 말

고교시절 삼년을 탐진강과 함께하였다.
통학하던 고교 1년
학교생활이 정상이 아니었다.
결석이 너무 잦아 담임선생님이
강진에게 자문을 구할 정도였다.
2학년에 진급하여 일주일 만에 휴학을 했다.
1년 뒤 복학하여 다시 시작한 학교생활도
순탄치 않았다. 건산리 장흥고등학교 비탈 아래
친척집에서 하숙을 했다.
길에서 애비 잃은 직후 나의 방황은
탐진강의 품에서 절정에 이르렀다.
참담한 시절이었지만
그 시절이 없었으면 오늘의 나는 없다.
탐진강에게 입은 은혜를
조금이나마 갚을 길을 찾은 게
바로 이 시집이다.

2017년 가을
억불산을 생각하며
작시치作詩痴 김재석

차례

장흥

시인의 말

1부

장흥 13

장흥 15

장흥 16

장흥에게 빚지다 18

장흥이란 이름을 인종이 하사하였다 20

모정 고목나무 아래서 22

길거리 책방 23

삼거리 헌책방 24

장흥고등학교 26

수학여행 27

최욱성 선생님이 용타스님이다 28

유랑극단 30

탐진강 징검다리가 너무 잘났다 32

자울재가 털어놓다 34

장흥댐은 물그릇이다 36

장흥 토요시장은 만물상이다 38

귀족호도 40
해산토굴海山土窟은 『채식주의자』의 발원지다 42
장비손만두는 하르빈댁이다 44
용호정龍湖亭은 효자다 45
동백정冬栢亭은 청주 김씨다 46
사인정舍人亭이 시를 낚다 48
부춘정富春亭이 입을 벌어지게 한다 50
관서별곡關西別曲이 관동별곡關東別曲보다 선배다 52
반곡 정경달이 육전陸戰 난중일기를 낳았다 54
정현신보政絃新譜가 목민신서牧民心書보다 연상이다 56
고부에는 전봉준이 장흥에는 이방언李芳彦이 있다 58

2부

억불산 63
억불산億佛山이 묵언수행중이다 64
억불산은 억인億人의 기둥서방이다 66
삼비산이 시비에 휘말리다 67
사자산은 암컷이다 68
제암산은 걱정할 게 없다 70
천관산은 금수저다 72
수인산修仁山이 부동이화不同而和를 꿈꾸다 74
가지산이 보림사를 낳다 76
용두산이 뭔가를 찾고 있다 78

부용산芙蓉山이 해탈하다 80
정남진천문과학관 81
정남진물과학관이 갈증을 풀어준다 82
동학혁명기념관은 오직 인내천人乃天이다 84
동학혁명기념관이 입을 열다 86
정남진천문과학관은 야행성이다 88
정남진전망대 90
장천재가 식음을 전폐하다 92
천관사가 다시 나타나다 94
천관산 억새밭 96
천관산 억새들 97
천관산 문학공원 가는 길 98
천관산 동백숲 100
진목과 덕도 사이 회진항이 있다 102
호수다방의 손님은 물고기다 104
천년학千年鶴 세트장은 홍단풍이다 105
방촌마을은 예의가 바르다 106
소등섬은 야무지다 107

3부

보림사 111
보림사 사천왕이 보안검열을 하다 112
보림사 부도 체징의 혼잣말 114

보림사 비로자나불을 봬야겠다 116

보림사 종무소 불두화^{佛頭花} 118

반야용선은 업그레이드 돼야 한다 119

목 잘린 불상 120

보림사 창성탑비 거북의 뒷발 발톱 122

보림사 미타전 석불입상은 외롭다 124

보림사 조사전이 선문답을 하다 126

보림사 우물은 조롱박이 제격이다 128

보림사 삼층석탑은 일란성 쌍둥이다 130

보림사 비자나무가 바람을 빗다 132

4부

유치 135

주암리^{舟巖里} 137

송정리 138

대리 1구 140

오복리(사미동) 142

신월리^{新月里} 144

단산리 146

금사리 148

월천리^{月川里} 150

늑룡리 152

갈머리 154

용문리 156
공수평拱手坪 158
덕산리 159
신풍리 160
건동 161
돈지 162
부산면 지천리 느티나무 164
가지산 뻐꾹새 166

1부

장흥

인내천 하늘 아래
반반한 억불산을
당당한 사자산을
근엄한 제암산을 두었다

반반하고
당당하고
근엄한
천관산을 두었다

삼군봉인
수인산까지 두었다

어디
한군데 빠진 데가 없다

그냥
정남진이 아닌
증강진 서울을 잇는
정남진까지 두었다

인내천 하늘 아래
마른 적 없는
이보다 더 좋을 수 없는
젖줄인 탐진강까지 두었다

장흥

엄니가 모정에 삼년 간 입양시켰다

탐진강을 자주 찾았다,
처음에는 달갑게 맞이했으나
나중에는
나를 달갑게 맞이하지 않은

돌아가라,
돌아가라
탐진강의 눈빛을 못 알아들은 척 했다

억불산과
사자산이 나의 팔 하나씩을 붙들고
모정에다 데려다 놨다

나를 붙드느라
제암산까지 발 벗고 나섰다

억불산, 사자산, 제암산이
스크럼을 짜고
강진까지
나를 찾아다녔다

장흥

할 말을 입으로 하지 않고
눈빛으로 하는
산들의 전언을
다들 나름대로 받아쓰고 있다

송기숙
이청준
한승원
김석중
이승우
백성우
김현주

김재현
정재완
위선환
이한성
전기철
백수인
조윤희
윤석우

이대흠
장일구

할 말을 입으로 하나
수국水國의 말로 하는
탐진강의 전언을
다들 나름대로 번역하고 있다

* 장흥에는 문인들이 많다. 그분들의 이름을 다 거명하지 못한 것을 이해하기 바란다.

장흥에게 빚지다

이날 이제까지
장흥에게
빚지고 산 것을 모르고 살았다

문제아인
고교시절 휴학까지 하면서
모정에 신세진
나 강진을 말하는 게 아니다

소싯적 나 강진도
노년의 나 목포도
장흥 물 먹고 살았고
또 살고 있다

탐진댐을 거느린
장흥이 생색을 내지 않아서 그러지
수많은 강진과
수많은 목포가
장흥에게 신세를 졌다

언젠가 어떠한 방법으로든

장흥에게 진 빚을
갚을 날이 있을 것이다

* 목포, 영암, 강진, 신안, 무안, 해남, 완도 , 진도, 장흥이 장흥댐에 신세지
고 있다.

장흥이란 이름을 인종이 하사하였다

'길이 흥하리라'는
장흥을
누가 안겨줬나 했더니
공예태후다

이자겸의 딸이 폐비가 되어
친정으로 가던 날
인종 왕의 꿈에 나타나
참깨 다섯 되와
노란 해바라기 세 되를 주고 갔는데
해몽은
임씨를 후비로 두라는 것이었다

관산읍 옥당리 당동마을 출신의 임씨가
인종의 비가 돼
의종, 경, 명종, 충희, 신종 다섯 왕자와
승경, 덕령, 창락, 영화 네 공주를 낳았는데
인종이
장흥이란 이름을 하사하였다

결국 '길이 흥하리라'는

장흥이란 이름을
안겨준 이는
공예태후다

* 인종: 고려 17대왕이다.

모정 고목나무 아래서

모정 고목나무의 품에서
고개 처박고 울었다
애비 잃은 지 일 년도 못 된
열일곱 살의 내가
절로 갈까
그대로 버틸까
마음을 다스리지 못하곤 하였다
그때마다
억불산이 다가와
나의 등을 두드리며
버티라고 하였다
억불산을 맞이한
고목나무도
자기 생각도 똑 같다며
거들었다
모정 고목나무는 잘 있을까
나 없는 가운데
눈빛을 주고받으며
한 차례라도
나의 이야기를 나눴을까

길거리 책방

장흥고등학교 교문에서
코 닿는 곳에
이따금
길거리 책방이 섰다

갈매기의 꿈,
데미안,
헤르만 헤세 단편집
거기서 만났다

내가
눈독 들였는지
그들이
나를 눈독 들였는지

좌우간
나와 하나 돼
내 영혼의
양식이 되었다

삼거리 헌책방

중고등학교가
멀지 않은
삼거리가
헌책방을 낳았다

세월의 무게에 짓눌려
헌책방의
이름이
뇌리에서 떠났다

현대문학이라는
잡지와 내가
얼굴을 대면하였다,
처음

홍변호사로 이름 날린
김우종의 저작도
그곳에서
만났다

학생들의

발길이 잦은
삼거리가
헌책방을 낳았다

장흥고등학교

문제아인
나 때문에 애 많이 먹었다
미운 짓만 골라서 하다
스스로 물러난 놈
다시 받아 준 것은
편모슬하의 내 기구한 삶을
감안했던 것 같다
보는 눈이 있어
나를 잘만 관리하면
다시 사람 될 것이라 생각했던 것이다
애먹이던 내가
국립대학교에 당당하게 합격했으니
사람일은 모를 일이라는 것을
나 때문에 실감했을 것이다
나를 사람 만들려고
강진 매일시장 엄니 가게까지
먼 걸음 한 게 헛수고가 아니었다
그 시절 내팽개쳤더라면
지금의 나는 전혀 다른 나일 거다
죽은 나를 살린 건
팔 할이 장흥고등학교다

수학여행

수학여행 맛을 처음 봤다
편모슬하 아닐 때도
두 차례나 맛보지 못한
수학여행 맛을 편모슬하에서 봤다
용댕이와 목포를 왔다 갔다 하는
철부도선에 몸을 맡겼다
유달산 노적봉 만나고 내려와
구 목포영사관도 만났다
제주도 가는 선실에서
한국과 호주의 축구시합 소식을 접했다
용두암과 함께 사진도 찍었다
바람 많은 제주의 제주극장에서
'바람과 함께 사라지다'는 영화를 보고
바람과 함께 사라질까 생각도 했다
난생 처음 맛본 수학여행은
정말 맛있었다
이탈이 허용되었어도
학생과장에게 귀뺨을 맞는
담배와 술도 있었다

최욱성 선생님이 용타스님이다

오분 명상
최욱성 선생님이
동사섭 용타 스님이다

오분 명상이
동사섭의 발원지다

처음 시작은
오분 명상이었으나
나중은
동사섭이다

오분 명상이
오요(五要)로 변신한 것이다

정체의 원리
대원의 원리
수심의 원리
화합의 원리
작선의 원리

오분 명상의 달인인
최욱성 선생님이
동사섭 용타 스님이다

유랑극단
— 미망 1974년

그해 여름 탐진강 자갈밭에
유랑극단이 둥지를 틀었다

앞일을 전혀 예측 못한
유랑극단의 가설무대가
장대비로
물에 갇혔다

미처 빠져나오지 못하고
가설무대와 함께한 이들을
강물이
꿀꺽꿀꺽 삼켰다

구경 아닌
구경을 나온 사람들이
동교다리에서
발을 동동 구르며 바라보았다

불인의 강물이
두 개의 목숨을
덕재 어딘가에

내팽개쳐 놓고 시치미를 뗐다

그날 이후 사람들의 가슴에
슬픔이 범람하였다

탐진강 징검다리가 너무 잘났다

강물을 가로지르는
징검다리가
너무 잘났다

신발을 신고 건너기가
미안할 정도다

맨발로 건너기도
미안할 정도다

맨발로 건너더라도
칼칼히
씻고 건너야 한다

징검다리 사이로 지나가는
물고기도
한눈팔다 가겠다

장벽이란 생각이
전혀
들지 않겠다

강물을 가로지르는

징검다리가

정말 잘났다

자울재가 털어놓다

1

소 끌고
대덕 가는 길이
나에게
다다르며

자울자울

소 끌고
장흥 가는 길이
나에게
다다르며

자울자울

2

차에 소를 싣고
대덕 가는 길이
나에게 다다르면

내가

자울자울

차에 소를 싣고
장흥 가는 길이
나에게 다다르면
내가

자울자울

장흥댐은 물그릇이다

장흥댐은 물그릇이다,
거구의 물그릇을 낳느라
산고의 고통이
얼마나 심했을까

유치의 마을들이
자리를 자발적으로
비워준 게 아니고
자리를 마지못해 비워주었다며

마지못해 자리를 비워주었어도
아홉 개 시·군을 위하여
유치의 마을들이
살신성인한 거지

- 송정리, 대리 1·2구, 오복리
　신월리, 단산리, 금사리, 월천리
　능룡리 1구, 갈머리, 주암리, 공수평
　용문리(1구), 덕산리, 신풍리, 부산면 지천리

지상에서는

마을들이 따로따로였어도
수중에서는
마을들이 하나이지

해와 달, 별들 그리고 구름에겐
물거울인 물그릇을 낳느라
산고의 고통이
얼마나 심했을까

장흥 토요시장은 만물상이다

불러 봐라
불러 봐
무엇이든
불러 봐라

옛것에서
오늘의 것에 이르기까지
무엇이든
불러 봐라

알라딘의 램프처럼
부르기만 하면
무엇이든
대령시킬 테니

팬티 고무줄,
고약,
쥐약
불러 봐라

호미,

낫,
쇠스랑
불러 봐라

장흥 토요시장은
있는 것은 다 있고
없는 것도 다 있다

귀족호도

귀족호도가
진골인가,
성골인가
따지지 마라

진골이고
성골이고
따져서
무얼 하려고 그런가

진골이든
성골이든
귀족인 건
사실이다

왕후장상의 씨가
따로 없는 세상에
귀족 운운하는 건
어불성설語不成說이나

귀족호도가

성골인가,
진골인가
따지지 마라

해산토굴海山土窟은 『채식주의자』의 발원지다

한국문학의 위상을 높여준
부커상에 빛나는
『채식주의자』의 발원지는
해산토굴이다

해산토굴이 낳은
「목선」에서
『달개비꽃 엄마』까지의
세월은 몇몇 해인가

해산토굴은 1939년 전남 장흥에서 태어나 서라벌예술대학 문예창작과를 졸업하고, 1968년 대한일보 신춘문예에 단편소설 「목선」이 당선되면서 작품활동을 시작했다. 고향인 전남 장흥의 율산마을에서 바다를 시원始原으로 한 작품들을 꾸준히 써오고 있는 작가는 현대문학상, 한국문학작가상, 이상문학상, 대한민국문학상, 한국소설문학상, 한국해양문학상, 한국불교문학상, 미국 기리야마 환태평양 도서상, 김동리문학상 등을 수상했다.

채식주의자가 낳은
「붉은 닻」에서
『채식주의자』까지의

세월은 몇몇 해인가

채식주의자는 1970년 광주에서 태어나 연세대 국문학과를 졸업했다. 1993년 계간 '문학과사회'에 시가, 이듬해 서울신문 신춘문예에 단편소설 '붉은 닻'이 당선되어 작품활동을 시작했다. 이상문학상(2005) 오늘의 젊은예술가상(2000) 한국소설문학상(1999), 이상문학상(2005)을 수상하였다. 현재 서울예대 문예창작과에 재직 중이다. 소설집 '여수의 사랑'(1995) '내 여자의 열매'(2000)와 장편소설 '검은 사슴'(1998) '그대의 차가운 손'(2002) '채식주의자'(2007), 그리고 산문집 '가만가만 부르는 노래'(2007) '사랑과, 사랑을 둘러싼 것들'(2009, 개정판) 등이 있다. 작가는 소설 『채식주의자』로 2016년 5월 16일 한국인 최초 맨부커 인터내셔널 부문 수상의 영예를 안게 되었다.

한국문학의 위상을 높여줄
노벨상을 예약한
『채식주의자』의 발원지는
해산토굴이다

*두 분의 약력은 문학동네에서 발행한 『달맞이꽃 엄마』와 『흰』에서 발췌하여 인용하였다.

장비손만두는 하르빈댁이다
― 장흥 토요시장

바깥양반이 영광 김씨인 것을
자랑스럽게 여기는
장비손만두는 하르빈댁이다
장비하면 유비, 관우, 제갈량이
뇌리를 때리고
하르빈 하면 안중근 의사가
뇌리를 때린다
고기왕만두,
김치왕만두,
통큰왕찐빵,
옥수수기정빵으로
장비손만두가
토요시장을 평정한 것은
장비라는 이름 때문이다
보이지 않는 손인
유비, 관우, 제갈량이
뒤에서 밀어주니
게다가 안중근까지
앞에서 끌어주니
잘나갈 수밖에 없다

용호정龍湖亭은 효자다

용호정은 효자다

용호정이
부모은중경을 읽었는지
읽지 않았는지
알 수 없다

초정 때나
지금이나
용호정은
변함없는 효자다

비에 젖은
선친의 묘를 바라보며
자리를 뜨지 못하였다

탈복 후에도
하루에 세 차례나
아버지의 무덤을 찾았다

용호정은
효자 중의 효자다

동백정冬栢亭은 청주 김씨다

개울가 솔밭 사이
저 동백정이
성씨가 뭣인가 했더니
청주 김씨네

좌찬성 지낸 김린에 의해
태어난 동백정을
후손들이
잘 모시고 있네

정면 4칸,
측면 2칸
반반한
외모 좀 보소

기단, 주춧돌,
창방, 주두
어디 한 군데 빠진 데가
없구만

개울가 솔밭 사이

청주 김씨인 저 동백정이
후손들 한번
잘 두었네

사인정舍人亭이 시를 낚다

문종의 아우인 수양대군이
조카인 단종의 왕위를 찬탈하자
이건 세상이 아니다며
낙향한 김필이 낳은 사인정이
시를 낚고 있다

설암바위 기슭에서
강물을 바라보며
영광 김씨 사인정이
낚은 시가
몇 수레나 되는지

오랜 세월 낚은 시들은
어디에다 놔두었으며
그 시들이
자신을 낳아준
김필의 분을 풀어 주었는지

겨울이면 설암벽에
김필이 그린
단종의 진영은 자취도 없고

훗날 김구 선생이 써놓은
'제일강산'만 살아 있다

문종의 아우인 수양대군이
조카인 단종의 왕위를 찬탈하자
머리가 뚜껑이 열린 김필이
낙향하여 낳은 사인정이
시를 낚고 있다

* 김필: 조선 세종때 의정부 검상사인, 전라도감찰사, 이조참판을 지냈다.

부춘정富春亭이 입을 벌어지게 한다

나서지 않고
주변을 빛나게 하는
부춘정이
입을 벌어지게 한다

百世淸風,
第一江山,
龍湖가
한 몫씩을 하네

비 개인 맑은 강에 강물은 잔잔한데
강가 짙은 꽃 속에서
푸른 물로 목욕하네라는
백광훈의 시는
여러 몫을 하네

임진왜란의 공신인
부춘정의
원래 이름은
청영정淸穎亭이었다지

모나지 않고
주변을 빛나게 하는
부춘정이
입을 벌어지게 한다

관서별곡關西別曲이 관동별곡關東別曲보다 선배다

기봉의 관서별곡이
송강의 관동별곡보다 선배다

장유유서長幼有序의 조선에서
선배인 이유를
확실히 할 필요가 있다

호남과 영남의 문신들이
성균관에서 시 겨루기를 할 때
기봉의 시부동지時賦冬至는
풍아익風雅翼을 특사 받은
으뜸이었다

호당湖堂에 선발된 기봉이
평안도 평사評事가 되어
서도의 국경경비 지역에서
민폐를 보살피며
관서별곡을 낳았다

송강의 관동별곡이
기봉의 관서별곡보다

한참 연하인데다
두 사람의 교류도 있었다

기봉의 관서별곡이
송강의 관동별곡보다
선배인 게 확실하다

반곡 정경달이 육전(陸戰) 난중일기를 낳았다

난중일기 하면
충무공 이순신인데
그건 해전이고

난중일기가
육전이 있다는데
그건 처음 들어보았다

장동면 반산리 반계사에
배향된
반곡 정경달이
육전 난중일기를 낳았다

임진왜란, 정유재란 시
육전의 민낯을
낱낱이
기록해 놓았다

육전 난중일기의
발문을
다산 정약용이

낳았다

난중일기 하면
해전은 충무공 이순신이고
육전은 반곡 정경달이다

정현신보 政絃新譜가 목민신서 牧民心書보다 연상이다

존재의 정현신보가
다산의 목민심서보다
더 연상이다

관산읍 방촌리에서 태어난
존재의 발자국이
천관산 너머
강진 정수사에도
구강포 건너
강진 백련사에도 찍혀 있다

물증을 대라면
댈 수 있다

- 康津 淨水寺 大雄殿佛像改金募緣文이라는
글 끝에 계항거사 위백규라고
찍혀 있다

山茶花落綠莎縟
懶步金沙選勝遊
一曲漁歌江日晚
忽然人上洞庭樓

만덕사萬德寺라는 시에도
찍혀 있다

천관산 넘어
관산읍 학교리 정씨 자작일촌에
다산의 발자국이 찍혀 있다

만기요람萬機要覽를 낳은 서영보의
천거의 결과가
존재에게 옥과현감인데
존재 사후에 다산이 유배 왔다

존재의 정현신보가
다산의 목민심서보다
더 연상이다,
훨씬 더

* 산다화락녹사추山茶花落綠莎縐/ 나보금사선승유懶步金沙選勝遊/ 일곡어가강일만一曲漁歌江日晩/ 홀연인상동정루忽然人上洞庭樓: 동백꽃 떨어져 푸른 잔디를 덮자/ 금모래 위 게으른 걸음으로 명승지 찾았네/ 한 곡조 뱃노래에 강위 해가 저물자/ 홀연히 나그네는 동정루(洞庭樓)에 오르네

고부에는 전봉준이 장흥에는 이방언李芳彦이 있다

누가 뭐래도
장흥에는 이방언이 있다

장흥이
인내천의 하늘 아래 있는 데에
이방언이
주도적인 역할을 하였다

황룡강 전투가
장태장군이라는
별호를 안겨 주었다

동학군의 남북화합이
남도장군이라는
별호도 안겨 주었다

전봉준을 잃은 부대를
재정비하여
장흥부, 강진현, 병영성을
차지하였다

일본군과 관군의 신무기에 밀려
부하들을 잃고
체포되어
서울로 압송되었다

대원군이 힘을 써
목숨을 구한 것도 잠시
전라감사 이도제의 지시로
체포돼 외자들과 함께
처형당했다

인내천의 하늘인
장흥에 이방언이 있다

2부

억불산

누구는
피플 붓다라 하고

누구는
남도의 거시기라 하고

나는
무어라고 해야 하나

며느리바위의 전설을
간직한 그대를

반반하면서도
거만하지 않은 그대를

나는
무어라고 해야 하나

억불산億佛山이 묵언수행중이다

반반한
한 마리 짐승인 억불산이
묵언수행중이다

저 반반한 억불산이
뭘 깨우치겠다고
저리 독한 마음으로
옴짝달싹하지 않는지

더 바랄 게 뭐가 있기에
더 이룰 게 뭐가 있기에
정좌하고
생각에 잠겨 있는지

생육하고
번식할 생각 같은 것은
아예 마음에 두지 않았기에
가능한 일인 것을

더 바라는 게
더 이루고자 하는 게

성불이라면
나는 따를 생각이 없는데

당당한
한 마리 짐승인 억불산이
묵언수행중이다

억불산은 억인億人의 기둥서방이다

누가 뭐라 하든
억불산은
억인의 기둥서방이다

한번 눈 마주쳤다 하면
누구도
억불산을 떨쳐내지 못한다

잘빠진 데다 힘까지 좋은
억불산의
눈길을 피할 수도 없다

이웃 산들의
부러움을 크게 사는 산이
억불산이다

듣기 좋은 소리로
억인의 연인이다

막말로
억인의 기둥서방이다

삼비산이 시비에 휘말리다

철쭉제로 이름을 날린
삼비산이
이름 때문에 시비에 휘말렸다

보성은 알림산이라 하고
장흥은 삼비산이라 하고

언어가 자의적이라는 말은
삼비산과
알림산을 두고 하는 말이 아니다

시비의 주인공들이
어떤 결론을 내렸든
산은 달라진 게 하나도 없다

시비의 대상인
삼비산은
둘 중의 어느 것을 원할까

철쭉제로 이름을 날린
삼비산이
이름 때문에 분란이 일어났다

사자산은 암컷이다

바람이 부는 데도
갈기가 보이지 않는
저 사자산은
암컷이 분명하다

수컷이라면
바람이 불지 않아도
갈기를 보여주었을 텐데
보여주지 못하는 것을 보면

배가 부르기에
사냥할 생각을 않는
저 사자산은
암컷이 분명하다

새끼 사자산들은
다 어디에 두고
저리
혼자 웅크리고 있는지

바람이 불어도

갈기가 휘날리지 않는
저 사자산은
분명 암컷이다

제암산은 걱정할 게 없다

사자산, 천관산, 억불산, 삼비산,
수인산, 가지산, 용두산
그리고 부용산 어느 산도
자리를 넘보지 않으니
제암산은 걱정할 게 하나 없다

자리를 넘보는 놈이
하나라도 있으면
잠 못 이룰 수밖에 없는데
누구도
자리를 넘볼 꿈도 꾸지 못한다

뭐 궁핍한 게 있어야
뭐 비민주적인 게 있어야
뭐 불만스러운 게 있어야
갈아엎을 생각을 하는데
그런 것들은 눈곱만큼도 없다

제암산이 이웃 산들의
눈 밖에 날 일들을 저지르지 않으니
이웃 산들도 제암산의

눈 밖에 날 일들을 저지르지 않으니
서로 시기하거나 모함할 이유가 없다

부용산, 용두산, 가지산, 수인산
삼비산, 억불산, 천관산
그리고 사자산 어느 산도
자리를 넘보지 않으니
제암산은 걱정할 게 하나 없다

천관산은 금수저다

머리에
관을 쓰고 태어난
천관산은 금수저다

금수저로 태어나
거만하지 않을까 걱정했는데
어디 한구석도
거만한 데가 없다

천관산이
거만할 줄 알았는데
거만하지 않은 것은
공부가 돼 있다는 것이다

무얼 공부하여
금수저인 천관산이
거만하지 않은지
알 수는 없다

연대봉 가는 길의 억새밭이
결, 봄, 여름 없이

공부로 일관한
천관산을 대변하고 있다

좌우간
관을 쓰고 태어난
천관산은 금수저다

수인산修仁山이 부동이화不同而和를 꿈꾸다

장흥, 강진, 영암과 어깨동무한
삼군봉인 수인산은
부동이화를 꿈꾼다

부동이화를 꿈꾸는
수인산과 눈빛을 주고받는
이웃 산들은
공부를 따로 할 필요가 없다

인仁을 가슴에 새긴
수인산이 관계의 달인인 것은
부동이화를
한 순간도 잊지 않기 때문이다

불인은 불인이고
수인은 수인인 게 아니라
불인이 수인이고
수인이 불인이다

영암, 강진, 장흥과 어깨동무한
삼군봉인 수인산은

부동이화를 꿈꾼다

* 부동이화不同而和: '남과 사이좋게 지내기는 하나 무턱대고 어울리지는 아니한다'는 화이부동和而不同을 부동이화로 바꿔보았다.

가지산이 보림사를 낳다

구산족의 후예인
보림사가
동양 삼대 보림 중의 하나인 것은
가지산이 낳았기 때문이다

일곱 연꽃 봉우리인
가지산이 낳지 않았다면
보림사는
동양 삼대 보림 중의 하나가 아니다

반반한 어느 산이
당당한 어느 산이
보림사를 낳았다 하더라도
그건 삼대 보림 중의 하나가 아니다

비로자나불이
명부전 벽화 반야용선般若龍船이
이따금 나를 불러
눈빛을 주고받는 보림사

오관게五觀偈를 내게 맛보게 한

보림사가
동양 삼대 보림 중의 하나인 것은
가지산이 낳았기 때문이다

용두산이 뭔가를 찾고 있다

용두산이 뭔가를 찾고 있다

무얼
어디다 두고 왔기에
저리 찾고 있는 것일까

용두산이 뭔가를 찾고 있는 것을
어떻게 알았냐고
누군가가 내게 물으면
용두산의 눈빛으로 알아냈다고
말할 것이다

건망증 하면
누구도 앞설 자신이 있는
나이기에
용두산의 눈빛만 보아도
그냥 알 수 있는 것이다

용두산이 찾고 있는 것이
뭔가도 알 것 같다,
용두산의 눈빛을 보니

여의주가 분명하다

어딘가에 꼭꼭 숨어 있는
여의주를
용두산이 찾고 있는 것이다

부용산芙蓉山이 해탈하다

저리 편안해 보이는 얼굴을
처음 봤다
해탈했음에 틀림없다

이리 어지러운 세상에
어찌 저리 편안해 보이냐며
질타 당할 수도 있겠다

찌든 삶에 눌리어
다들 인상이 구겨지는데
미소를 짓고 있으니
오해 사는 것은 당연하다

오해 한 번 없이 끝나는 생이
어디 있다는 말을
아직까지
들어보지 못했다

해탈했음에 틀림없다
저리 편안해 보이는 얼굴을
처음 봤다

정남진천문과학관

야행성이다

얼굴 내민
별들이 음모를 꾸밀까 봐
감시하느라
밤새우다가

인기척에도
깨지 않을 정도로
깊이
잠이 들었나

야행성이다

별들에게
무슨 변고라도 생길까 봐
눈이 빠져라
지켜보다가

별들이
무사히 돌아간 뒤에
잠이 들었나

정남진물과학관이 갈증을 풀어준다

물을 물로 보았나,
물을 물로 보지 않았나
알고 싶은 나의 갈증을
정남진물과학관이 풀어준다

증발,
응축,
운송,
강수

나선식 펌프,
물레방아

자격루,
아르키메데스의 원리

물피아노,
물드럼

모델 선
껍적이, 떡납줄갱이, 납자루, 칼납자루,

은어, 잉어, 붕어, 각시붕어,
비파, 모래무지, 자라, 참중고기, 피라미,
철갑상어, 참갈겨니

꼭사리 낀
청거북이, 비어드 드래곤
워터 드래곤, 알비노 팩맨, 카멜레온,
개코도마뱀, 별거북이

물을 물로 보지 않았나
물을 물로 보았나,
알고 싶은 나의 갈증을
정남진물과학관이 풀어준다

동학혁명기념관은 오직 인내천人乃天이다

잘못하다간
남들에게 오해사겠다,
동학혁명기념관이 아는 것이라곤
인내천뿐이라고

마주치는 모든 이에게
인내천,
인내천만을 부르짖으니
동학혁명기념관이
인내천만 아는 줄 알겠다

동학의 발원지에서 시작한
사상이 흐르고 흘러
집결한 곳이 인내천이기에
인내천 한 마디면
동학은 더 이상 부언할 게 없는 것인가

보국안민保國安民과 광제창생廣濟蒼生은
알면 좋고
몰라도 그만이나
인내천만은

반드시 가슴에 새겨야 한다

잘못하다간
남들이 오해하겠다,
동학혁명기념관이 아는 것이라곤
오직 인내천뿐이라고

동학혁명기념관이 입을 열다

보국안민保國安民,
광제창생廣濟蒼生의 꿈을 이루지 못해
한스럽다

사인여천事人如天,
물물천사사천物物天事事天,
인내천人乃天의 꿈을 이루지 못해
한스럽다

제폭구민除暴救民,
축멸왜이逐滅倭夷,
진멸권귀盡滅權貴의 꿈을 이루지 못해
한스럽다

꿈을 이루지 못한 자를 위하여
자리를 마련해 주니
고개를 들기가 민망하다

누군가가
내 꿈의 대를 이어
내 꿈이 이루어지질 때야

고개를 들 수 있다

다른 것은 놔두더라도
인내천 하나만이라도 이루어지길
바란다

---

* 보국안민輔國安民: 나라 일을 돕고 백성을 편안하게 한다.
* 광제창생廣濟蒼生: 널리 백성을 구제한다.
* 사인여천事人如天: 사람을 하늘처럼 섬기다.
* 물물천사사천物物天事事天: 인간에서 자연에 이르기까지 모든 것을 하늘에 내재하는 것으로 보는 사상이다.
* 제폭구민除暴救民: 폭정을 제거하고 백성을 구한다.

정남진천문과학관은 야행성이다

웅크리고 앉은
야행성 짐승 한 마리가
밤하늘을
올려다보고 있다

밤하늘의 달과 별들의
일거수일투족을
눈이 빠져라
지켜보고 있다

밤하늘의 달과 별들이
자기를 지켜보는 것을
눈치 챈다면
무색할 정도다

밤하늘의
달과 별들에게
무슨 변고가 생길까 봐
안절부절못할 때도 있다

옴짝달싹 않는

야행성 짐승 한 마리가
밤하늘을
올려다보고 있다

정남진전망대

1

낫낫하다더니

들던 대로가
아니다

낫낫함을 넘어
반반하다

낫낫하다더니

들던 대로가
아니다

낫낫함을 넘어
당당하다

2

몇몇 섬들이

우러러보는 것을

몇몇 섬들이
낯을 붉히는 것을

몇몇 섬들이
곁눈질하는 것을

장천재가 식음을 전폐하다

언제부터 이러했나,
장천재가
입을 봉하였다

문을
단단히 걸어 잠그고
식음을 전폐하였다

이웃인 대문 앞 태고송이
시름시름 앓다가
죽은 뒤부터
더 살고 싶은 마음이 없어졌나

천문·지리·율력·의학서에 통달한
장천재가
생이 무한하지 않다는 것을
모를 리가 없는데

천관사가 위문을 와도
문을 열어주지 않는 것을 보면
충격이 컸던 것 같다

언제부터 이러했나

장천재가

입도 봉하고 귀도 닫았다

천관사가 다시 나타나다

신라 애장왕 때 영통화상이 낳았는데
너무 잘나가다 보니
표적이 되어
사라지게 되었다

한때 화엄사라 불리며
89개의 암자와
1000여명의 승려를 거느렸다

옛 영광을 되찾으려
극락보전을 선두로
요사체와 종각 등이
얼굴 내밀어 천관사가 되었다

3층 석탑,
5층 석탑,
석등, 탑산사지 석등도
다들 한몫씩 하였다

너무 잘나가면
또다시 표적이 될 수 있으니

이 정도로 만족하며
지낸다

천관산 억새밭

어느 손이
저 억새들을 이곳에 풀어 놨을까

연대봉 가는 길,
지금 절정인 억새밭은
산과 바다와 들과 마을을 다스리는
천관산의 거시기다

자꾸만 사람들의 입을 벌어지게 하는,
하늘 가까운 곳에서
떼거리로 자신을 성찰하고 있는
억새들

저 억새들을 몰고
내가 하산하면
어느 손이 나를 가만두지 않을 것이니,
눈빛에 담아갈 수밖에

천관산 억새들

바쁘다
바빠

어디 가느라고
어디 갔다 오느라고

무슨 짓을 하러 다니고
무슨 짓을 하고 돌아오는지

비난 받을 일인지
칭송 받을 일인지

그저
그런 일인지

밤낮을 가리지 않고
드나드니

바쁘다
바빠

천관산 문학공원 가는 길

1

천관산 문학공원 가는 길
좌판의 강황, 구기자, 홍화씨, 우엉차,
아마씨, 햄프씨드, 대마씨, 감초가
한번 보자고
나에게 눈빛을 보낸다

돌아오는 길에 보겠다,
나도
눈빛을 보낸다

길바닥의
햇빛저장고인 단감,
시금치, 생강, 콩, 찹쌀이
한번 보자고
나에게 눈빛을 보낸다

돌아오는 길에 보겠다,
나도
눈빛을 보낸다

2

어쩌다
돌아오는 길에 보겠다,
약속을 했나

아무리
임기응변이라고
피해갈 길도 없는데

큰일이다
돌아오는 길에
보자고 약속했는데

어쩌다
지키지 못할
약속을 내가 했나

천관산 동백숲

태고적 그대로다, 라면
거짓말이다 할 것이다

그래
거짓말이다

백이숙제는
수양산이지만
나는
천관산 동백숲이다

동백꽃똥구멍 쪽쪽 빠는 새가 되어
직박구리와
동박새와
희로애락을 함께할 것이다

처음엔
직박구리와
동박새의 원성을 살 것이나
나중에는
내가 없으면 서운해 할 것이다

며칠이나 버틸지
알 수 없지만
내가 기댈 곳은
천관산 동백숲이다

진목과 덕도 사이 회진항이 있다

가을 행락철, 음주운항 선박 집중단속 실시
플래카드로 겁을 주는
회진항은
진목과 덕도 사이에 있다

이청준을 낳은 진묵을
한승원을 낳은 덕도를
양쪽에 거느린
회진항은 부러울 게 하나도 없다

앞뒤엔
송기숙을 낳은 금당도가
이승우를 낳은 관산이 버티고 있으니
두려울 게 하나도 없다

좌우에
앞뒤에
잘나가는 이들이 희로애락을 함께하니
이보다 더 좋을 수가

가을 행락철, 음주운항 선박 집중단속 실시

플래카드로 겁을 주는
회진항은
덕도와 진목 사이에 있다

호수다방의 손님은 물고기다
— 관산

호수다방의 마담은 각시붕어다
천관산 계곡물이 흘러드는
수심을 알 수 없는
호수다방의 수초인 소파에
죽치고 있는 이들은
나이 묵은 붕어와 메기다
커피를 주문하여
각시붕어와
쏘가리와 메기 사이를 떼어놓는 이들은
버들치와 은어다
천관산이 뒤에서 버티고 있는
호수다방의 손님은 물고기다

천년학千年鶴 세트장은 홍단풍이다

천년학千年鶴 세트장은 홍단풍이다

유세를 부리는
유채밭도
메밀밭도 한철이지만
천년학 세트장은 사시사철이다

눈이 오면
눈을 머리에 이고도
지지 않는다

폭우가 쏟아지면
아우성치면서도
지지 않는다

선학동 나그네가
천년학으로 변신한
천년학千年鶴 세트장은 홍단풍이다

방촌마을은 예의가 바르다

누가 가르쳤기에
방촌마을은
저리 예의가 바르나

조상님 욕되지 않게 하는
방촌마을은
생각이 무척 깊구만

빈 그릇을 들 때도
가득 찬 것처럼 들라는
소학의 가르침을 가슴에 새겼나

반반하여도
도드라지지 않는 것을 보면
인의예지신의 달인이여

누가 가르쳤나 했더니
정현신보 낳은
존재 위백규이구만

세월이 흘러도

방촌마을은
예의가 바를 수밖에

소등섬은 야무지다

소등섬은 작아도
야무지다

영화 '축제'에
출연한 것만으로도
야무지다

민박집 창문으로 만난
소등섬 어깨 너머
떠오르는 해를 봐라

비록 닻줄에 매였지만
장자를 떠올리게 하는
주인 없는 빈 배도 봐라

소등섬이
석화와 바지락을
거느리고 있다

작아도 야무진 이가
소등섬이다

3부

보림사

동양 삼대 보림 중의 하나여도
어깨에 힘을 주지 않았다

쉬운 말로
뻐기지 않았다

다른 말로
잘난 척 하지 않았다

인민해방을 꿈꾸는
파르티잔의 휘하에 있었다,
한때

본의 아니게
중책을 맡아 오해를 샀다

지금은
중생 제도에 열중이다

보림사 사천왕이 보안검열을 하다

외호문外護門 지나
사천문四天門 들어서는데
사천왕이
보안검열을 한다

피해 갈까 하였으나
君子大路
가슴에 새긴 지 오래이기에
들어섰는데
넷이 함께
나의 발목을 붙든다

삼층석탑,
대적광전이 멀리서 지켜보는데
검을 든 동방지국천왕이
비파를 든 북방다문천왕이
여의주를 든 남방증장천왕이
탑을 든 서방광목천왕이
한꺼번에
눈빛으로 내 몸을 뒤진다

몸에 지닌
스마트폰과 지갑은 무사통과이나
다들 쐬려보니
겁이 난다

외호문外護門 지나
사천문 四天門 벗어난 뒤에도
사천왕의 눈빛이
뇌리를 떠나지 않는다

보림사 부도 체징의 혼잣말

무인년 한 해 다들 힘들었제
안으로는 금동옷 입은
삼존불 모셔 오고
비로자나불 부처님 새로
옷 갈아입히고
대적광전 단장하느라
다들 애를 썼제
밖으로는 조계사 난투극 때문에
한물에 쓰인 고기되어
중놈 소리 듣고 참느라 힘들었제
몇 해 전 성철 종정의 열반송
인간의 무리를 속이어
쌓은 그 죄가 수미산을 넘으니
나는 죽어 무간 지옥에 떨어지리라던
그 말 생각하면 중놈 소리 듣지 않고
배겨날 중 있겠는가만
이 도량에 그 말의 진의 모를 이 없제
가지산 품에 안긴 일곱 봉우리가
도량까지 그림자를 늘이어
날마다 예불 드리고
물 한 모금 마시고 돌아가는 것 보고

멀리서 오신 삼존불도
비로자나불 부처님도 위로를 받으셨제
그것 하나만으로 애먼 소리에
상처 난 내 가슴도
말끔히 치유된 기분이제
이제 얼마 안 있으면 기묘년
혜가 스님처럼 왼쪽 팔을 잘라
붉은 눈을 오게 하지는 못할지라도
다시는 중놈 소리 듣지 않도록
쇠기둥이 바늘이 되도록
마음을 갈고 닦아야제

보림사 비로자나불을 봬야겠다

잠수 타면 탈수록
분노 게이지의 수치가
나날이
경신되는 걸 보니
이러다가 사고치겠다

보림사 비로자나불을 뵙고
대책 세워
게이지의 수치를 떨어뜨려야지
내버려두었다간
사고치겠다

뵌 지 오래됐으니
인사차 온 척 하면
포커페이스에 서투른
내 표정만 보고도
뭔 문제인가 금방 알아낼 것이다

보림사 비로자나불에게
야단맞을 게 뻔하기에
가고 싶은 마음이 달아나기도 하지만

그래도 봬야하는 것은
문제가 심각하기 때문이다

발길에 채인 돌멩이처럼
나날이
더러워지는 성질을
비로자나불의 눈빛으로
씻고 와야겠다

보림사 종무소 불두화 佛頭花

주먹밥을 해놓았네

주먹밥 만드는 게 귀찮으니
아예 처음부터
주먹밥을 해놓았네

세상에서
이렇게 아름다운 주먹밥을
보기만 해도
배가 부르네

해와 달, 별빛을
군불 삼아
영혼의 양식인
주먹밥을 해 놓았네

다들
눈에 담아가네

반야용선은 업그레이드 돼야 한다
― 보림사에서

보림사 명부전 벽화 반야용선은
업그레이드 돼야 한다

훗날 내가
승선하게 될지
승선하지 못하게 될지
그거야 알 수 없지만

무동력선으론
파도를 다스리기가 쉽지 않으니
하루 빨리
업그레이드 돼야 한다

더더욱
정원초과에 좌석도 없이
피안에 이르기가
어디 쉬운 일인가

보림사 명부전 벽화 반야용선은
업그레이드 돼야 한다,
시대에 맞게

목 잘린 불상
― 보림사에서

너무나 반반하여
너무나 당당하여
거만한 것으로
오해를 사 목이 잘린 게 아닐 것이다

손의 모습이
대적광전의 비로자나불과
붕어빵인 것을 보면
앉아 있는
비로자나불이 아니라
서 있는
비로자나불이다

안에 앉아 계신 분으로만 미안하여
밖에 한 분 더 모신 것을
그 마음을 못 읽은
누군가가
욕심을 내 꼬불친 것이다

중생들을 위해 먼 걸음하신 이가
거만할 리가

오만할 리가
없다

너무나 반반하여
너무나 당당하여
누군가의
질투를 사 목이 잘린 게 아닐 것이다

보림사 창성탑비 거북의 뒷발 발톱

어느 중생의 무슨 사연이
중책을 맡은
거북의 뒷발 발톱을
빼돌렸나

피치 못할 사연이
약에다 쓸려고 빼돌렸나
장물로 팔려고
빼돌렸나

어떤 사연이
거북에게
허락 받고 한 일인가
허락 받지 않고 한 일인가

이도 저도 아니면
먼 바다로 걸어 나가지 못하게
붙들어 두려고
빼돌렸나

앞발 아닌

뒷발 발톱을 가져가면
눈치 못 채리라 생각하고
빼돌렸나

어느 중생의 무슨 사연이
탑의 볼모로 옴짝달싹못하는
거북의 발톱을
빼돌렸나

보림사 미타전 석불입상은 외롭다

홀로인 생生이어도
외롭단
말을 뱉은 적이 없으시다

다리 아프단
말을 뱉은 적이 없으시다

외롭단 말,
다리 아프단
말을 뱉지 않으려고
아예
입을 봉하셨다

외롭고 다리 아픈 건 사실이나
중생들 앞에서
징징거렸다간
금방 입방아에 오른다는 걸
파악하고 계신다

모든 걸 다
눈빛으로 해결하신다

눈빛으로도
외롭단 말,
다리 아프단 말을
날린 적이 없으시다

보림사 조사전이 선문답을 하다

자기에게 주어진 임무에 충실한
조사전이
선문답을 한다

보조선사,
도의선사,
염거선사,
보우화상,
매화보살

다섯 조사 중에
누가
가장 모던한지 들어보고 싶은데
눈빛만을 주고받으니
상상에 맡길 수밖에 없다

병 속의 새는
뜰 앞의 잣나무는
케케묵은 이야기다

벽암록도

이제
한물간 지 오래다

자기에게 맡겨진 임무에 충실한
조사전이
선문답을 한다

보림사 우물은 조롱박이 제격이다

대웅보전이 지켜보고
대적광전이 지켜보는
마당에 터를 잡은
보림사 우물은 조롱박이 제격이다

플라스틱 그릇과
스텐 그릇과
하나 된 물보다
조롱박과 하난 된 물이 더 맛있다

물맛이
그냥 물맛이 아니라
석가모니의 말씀이고
비로자나불의 말씀이다

감로수 찾아다닐 필요가 어디 있나
물과 그릇이
궁합이 잘 맞으면
그게 바로 감로수다

대웅보전이 지켜보고

대적광전이 지켜보는
마당에 터를 잡은
보림사 우물은 조롱박이 제격이다

보림사 삼층석탑은 일란성 쌍둥이다

보림사 대적광전^{大寂光殿} 앞에
둥지를 튼
보림사 삼층석탑은
일란성 쌍둥이다

누가 먼저 태어났는지
밝히지 않으니
누가 형이고
누가 동생인지 알 수 없다

대적광전이 문을 열면
비로자나불 부처님과
눈빛을 주고받느라
삼층석탑은 둘 다 정신이 없다

비로자나불 부처님도
두 삼층석탑에게
오해를 사지 않으려
골고루 눈빛을 주고받는다

보림사 대적광전^{大寂光殿} 앞에

둥지를 튼
보림사 삼층석탑은
일란성 쌍둥이다

보림사 비자나무가 바람을 빗다

보림사 비자나무가
그냥 그 자리에서 바람을 빗는다

바람이 원하는 대로
바람을 빗는다

부드럽게,
강하게

석가모니의 말씀으로,
비로자나불의 말씀으로

화엄경으로
능엄경으로

법화경으로
반야심경으로

보림사 비자나무가
말씀으로 바람을 빗는다

4부

유치

마을을 지키던 당산나무에서
연약한 풀꽃에 이르기까지
많은 것들이
시야에서 사라지자
여러 해 기운을 잃었다

희로애락을 함께하던
마을 사람들은
풀씨처럼 흩어지고
모든 것이 전설이 되었다

물 밖의 마을이
물 속의 마을이 되어
즈그 끼리
이야기를 주고받는 것을
누구도 몰랐다

대의를 위해
소의를 버린
마을의 정령들이
물 속에 살아남아 있었다

여러 해
슬픔에 등덜미가 붙들린
남아있는 것들이
뒤늦게 생기가 돌았다

주암리 舟巖里

호박이 하늘 수세미가
집을 지키고
있었는데
뉘 집이더라

깻단이 마당에 누워
두드려 맞을 날만
기다리고 있었는데
뉘 집이더라

평상의 고추들이
해를 바라보며
눈빛을 주고받고 있었는데
뉘 집이더라

대빗자루가
담에 기대어
헛생각을 하고 있었는데
뉘 집이더라

송정리
— 장터마을

반반한
유치면사무소,
유치농협,
유치파출소,
유치농촌지도소가
자존심이 없는 것이 아니다

새집으로
이사하면 그만이어서
자리를
비워준 것이 아니다

탯자리,
탯자리가
얼마나 중요한지
인식하지 못해서
자리를
비워준 것도 아니다

옛날부터
대의大義에 목마른

유치에 둥지를 틀었기에
가능했던 것이다

반반한
유치보건소,
유치우체국,
유치초등학교,
유치중학교가
자존심이 없는 것이 아니다

대리 1구

선돌이 돛대이니
배는
얼마나 튼튼하겠는가

오복안五幅案이라 일컫는
원대리,
방촌,
덕촌,
사미동,
오복동이
부동이화를 이루었지

대리 1구의
대리는 원대 큰물로
방촌은 상방촌, 우대미, 작시동으로
불리어 왔지

물이 들어올 것을
미리 알고
처음부터 돛대를
준비해 둔 걸 보면

미리 생각하는 자
프로메테우스의 후예가 분명하지

배는
얼마나 튼튼하겠는가,
선돌이 돛대이니

오복리(사미동)

1

오복리와 사미동 사이
사인암의 바위가
한 조각 떨어지면
사람이 한 사람 죽었다며

한꺼번에
두 조각이 떨어지면
두 사람이 죽었나

한꺼번에
세 조각이 떨어지면
어떻게 됐나,
그것이 알고 싶다

2

마당에 세워 놓은 깻대를 생각하면
'참깨를 두드리며'가
얼굴 내밀고

마당에 널어놓은 고추를 생각하면
태양표 고추장이
얼굴 내밀고

3

사미동의 시냇물이
천자문을 읽으며
지나갔지

사미동의 대숲은
추구집을 읽느라
정신없었지

신월리 新月里

해도 새롭지만
달도 새롭다는 것을
그대가 깨우쳐 주었는데

월암, 오추는
물 밖의 마을 그대로 있고
새몰은
물 속의 마을이 되었지

베 짜는 소리 내는 바위에
칼을 내리쳐
소리를 죽인 장수의 전설만
무성하네

아! 물에 잠길 내 고향
마동욱 사진집에
살아남은
처마 밑에
조롱박,
옥수수,
곶감,

호박,
채,
멍석이 있는
저 집은
누구네 집이더라

소 몰고 오는 저 아저씨는,
지게를 진 저 아저씨는
누구시더라

진짜 새로운 것은
달이라는 것을
그대가 깨우쳐 주었는데

단산리

강변 풀밭의
고삐 매인
젖이 퉁퉁 불은 어미 염소가
새끼 염소들을 데리고 노는 모습을
마을은 보여 주었다

눈빛이 선한 마을이
육이오 때는
논밭일 보러 가다가 죽고
까닭 없이
죽창에 찔려 죽은 일들을
낱낱이 기억하고 있었다

어깨동무한
내검단 內檢丹, 외검단 外檢丹이 하나 된
마을이
민족분단으로
빨치산의 근거지인
내검단이
폐촌이 된 기억도 간직하고 있었다

바우배기로 불리는
감나무 밭에
고인돌도 4기나 지니고 있었다

좋은 일,
궂은일
가리지 않은 마을이
대의를 위해
자리를 내주고 사라졌다

금사리

기묵나무에 주렁주렁 매달려
세상을 굽어보든
그 많던 백로와 왜가리는
다 어디로 갔을까

마을이 잠 못 이룰 정도로
구시렁대던
좀 조용히 해라, 하면
너나 조용히 해라,
대꾸하던
그 많던 백로와 왜가리는
다 어디로 갔을까

마을은
보상이라도 받고
자리를 내어 주었지만
보상도 받지 못하고 물러난
백로와 왜가리는
마음의 상처가 덧났겠다

눈 감으면

마을 사람들에겐
백로와 왜가리 들의 군무가
백로와 왜가리 들에겐
마을 사람들의 모습이
선할 텐데

열매처럼
나무에 주렁주렁 매달려
세상을 굽어보던
그 많은 백로와 왜가리는
어디에서
무슨 생각하고 있을까

월천리 月川里

마을 앞 냇물이
달 모양으로 흐른 것도
마을 앞 각시둠병을
달이 어루만진 것도 사실이다

강가에 마실 나온 달맞이꽃이
돌아갈 생각을 하지 않고
주저앉았는데
그 뒤 소식을 알 수 없다

강성서원이야
몸뚱이를 해체하여
이사를 간 게 분명하지만
은행나무 두 그루는 어찌 되었나

은행나무 두 그루의 소식은
모르는 게 약인 것은
알면 너무 큰
상처를 입기 때문이다

이제는 두 번 다시

들판에서
어떤 재주로도
쥐불놀이할 수 없게 된 것도 사실이다

늘룡리

물에 수장됐어도
늘룡리는 끄떡없겠다

그 많은 노거수들 생각에
잠 못 이루었는데
이제 생각하니
다섯 마리의 용이
여의주인 마을을
그대로 놓아두었을 리가 없다

만에 하나
피신하지 못하고
노거수들이 수장되었다면
용으로 환생하여
승천하였을 것이다

六二五와 여순 반란이 가져다 준
마을민간의 반목도
마을민의 상처도
진즉 씻어냈을 것이다

오래 전에 사라진 백운암도
다시 생환하여
물 속 어딘가
옛 자리에 자리를 잡았을 것이다

갈머리

그 많던 고인돌이
제 발로 걸어 나가는 것을
보지 못했는데
어찌 됐나 궁금하다

앞에서 끌어주고
뒤에서 밀며
우리나라 짊어지고 나갈
아이들 길러내던 초등학교는
어찌 됐나

담장 밖으로
얼굴 내민 능소화의
햇빛저장고인 열매를
주렁주렁 매단 감나무의
안부를 묻고 싶지 않은
까닭은

마을 사람들 불러 모아
자기들끼리 하는
이야기 엿듣던 노거수는

또 어찌 됐나

칡머리처럼 생겨
갈두인 마을의 고인돌이
제 발로 걸어 나가는 것을
보지 못했는데
어찌 됐나 궁금하다

용문리

용문, 당산, 노루목이
대천과 내천이
함께하지 않아도
전혀 서운해 하지 않았다

대천과 내천이
함께하지 않은 것이 아니라
함께하지 못한 것이라는
생각에서다

대천과 내천이
보림사 석가모니불을
보림사 비로자나불을
자주 뵌 덕이라는 설도 있다

대천과 내천만이라도 살아남아
자신들에 대한 기억을
전해주는 것을
다행으로 생각하였다

용문, 당산, 노루목과

함께하지 못한
대천과 내천이
죄스러운 마음을 간직하고 있다

공수평 拱手坪

벼이삭이
햇살을 붙드는 것을
바라보며
흐뭇해하는 노거수가 있었다

연약해도
떼거리이기에
겁을 상실한
코스모스가 있었다

강가의
며느리밑씻개가
연분홍꽃을
오래오래 붙들고 있었다

주야로
해와 달, 별빛이
몸 둘 바를 모르는
냇가가 있었다

덕산리

일제강점기
청소년들에게 한학을 가르치다
사회주의자로 오인 받아
고문을 당한 적이 있었다

일제의 서슬이 푸른 1930년대,
민족분단의 1950년대,
궁핍한 1960년대
문맹퇴치를 위해 야학을 열었다

국사봉의 기운을 받은
남평 문씨 집성촌답게
나라를 바로 세우는 것은
교육이라고 생각했다

인공 때는 불로 데이고
지금은 물에 잠겨
모습을 감추었어도
여전히 야학을 꿈꿀 것이다

신풍리

마을이 수장되는 것을
마을이 알려주지 않았기에
매미들이
신나게 울어댔다

내일 일을 모르는
들꽃들과 꽃나무들은
열심히
꽃을 피우고 있었다

속이 깊지 못한
냇물을
햇빛과 구름이
마다하지 않았다

멋모르는
철부지한 길들이
구렁이 담 넘어가듯
이웃마을로 가고 있었다

건동

보리 이삭이 팬 들판을
마실 나온
바람이
그냥 지나갈 리가 없었다

누구인가 눕다 간
자리인양
바람, 바람이
보리 이삭을 눕혀 놓았다

붉은 녹이 탱탱 슬은 것 같은
양지버섯이 하우스에서
생각을 키우고
또 키우고 있었다

절구공이가
절구를 드나드는 소리에
햇빛에 졸던 돌담이
정신이 번쩍 들었다

돈지

젖이 불은 백구가
머리에 짐을 인 할머니를
데리고 가는 것을
당산나무가 내려다보고 있었다

지붕은 박넝쿨이 점령하고
장광 옆에는
햇빛저장고인 맨드라미가
자태를 뽐내고 있었다

잡초가 군림하는 빈집에
논일, 밭일을 작파한
녹슬은 경흥기가
주인을 기다리고 있었다

몸뻬 입은 아줌마들이
깔아놓은 천에
드러누운 깻단과 고추가
하품을 하고 있었다

고삐 매인 암소가

풀로 배를 채우는 동안
등 돌린 송아지가
한눈을 팔고 있었다

부산면 지천리 느티나무

멀리서
훔쳐보아도
너무 좋았는데

가까이서
눈빛이 마주치면
이보다 좋을 수가 없었는데

참 아름다워라, 참 아름다워라
감탄사를 연발해도
부족할 형편이었는데

마을의 역사인 느티나무만은
살려야 한다고
하소연을 하였는데

운명의 노예가 된
느티나무가 어찌 됐는지
궁금할 수밖에

반반한 느티나무를

훔쳐보는
맛도 있었는데

* 다행히 느티나무는 살아남아 공원이 되었다.

가지산 뻐꾹새

지리산 뻐꾹새만 잊을 만하면 찾아와
동족, 상잔, 하지, 말자
울음을 토하는 게 아니라
가지산 뻐꾹새도 마찬가지다

보림사를 낳은
가지산에 해마다 찾아오는 뻐꾹새가
동족, 상잔, 하지, 말자
울음을 토하는 것은 동란 이후다

동란 이전에 가지산 뻐꾹새가
뭐라 울음을 토했는지 몰라도
동란 이후엔
'동족, 상잔, 하지, 말자'다

가지산 뻐꾹새는 분명히 알고 있다
동족상잔만 하지 않으면
백두대간이 두 다리 쭉 뻗고
잘 수 있다는 것을

- 동족, 상잔, 하지, 말자

- 동족, 상잔, 하지, 말자

지리산 뻐꾹새만 잊을 만하면 찾아와
동족, 상잔, 하지, 말자
울음을 토하는 게 아니라
가지산 뻐꾹새도 마찬가지다

사의재 시인선 11

장흥

1판 1쇄 인쇄일 2017년 12월 10일
1판 1쇄 발행일 2017년 12월 15일

지은이 김재석
펴낸이 신정희
펴낸곳 사의재
출판등록 2015년 11월 9일 제2015-000011호
주소 전라남도 목포시 양을로 266 (용해동)
전화 010-2108-6562
이메일 dambak7@hanmail.net

© 김재석, 2017
ISBN 979-11-956731-9-3 03810

지은이와 출판사의 동의 없이 이 책의 내용 중 전체 또는 일부를
인용하거나 발췌하는 것을 금합니다.

값 10,000원